눈물값

정경화 시조집

목언예원

눈물값

지은이 · 정경화
펴낸이 · 민병도
펴낸곳 · 목언예원

초판 인쇄 : 2023년 12월 15일
초판 발행 : 2023년 12월 20일

목언예원
출판등록 : 2003년 2월 28일 제8호
경북 청도군 금천면 선바위길 53 (신지2리 390-2)
전화 : 054-371-3544 (팩스겸용)
E-mail : mbdo@daum.net

ISBN 979-11-93276-05-1 03810

저자와의 협의에 의해 인지를 생략합니다.
이 도서는 2023년도 한국문화예술위원회
아르코문학창작기금(발간지원) 사업에 선정되어 발간되었습니다.

값 15,000원

눈물값

정경화 시조집

목언예해

■ 시인의 말

적벽에 부딪히는 울음을 본다
눈물이 맺히지 않는 곡哭

내 눈물값도
저 울림으로 다가갈 수 있다면…

2023년 겨울
정경화

CONTENTS

눈물값

PART 00 | **시인의 말** • 5

PART 01 | **제1부** • 11

   001 터 • 13

   002 노각을 읽다 • 14

   003 섶마리 실루엣 • 15

   004 그믐달 • 16

   005 돌계단 테라피 • 17

   006 리폼 • 18

   007 뿌리 경전 • 19

   008 태풍 필사 • 20

   009 되새김질하다 • 21

   010 귀뚜라미 읽는 밤 • 22

   011 명품대전名品大戰 • 23

   012 0원 마켓 • 24

   013 차꽃 • 25

   014 골드베르크 변주곡 • 26

   015 유나 킴 • 27

   016 막대만 두 개 • 28

— 정경화 시조집

PART 02 | 제2부 • 29

001 마음 씨앗 • 31

002 모래 백비 • 32

003 스물셋 • 33

004 한강을 업다 • 34

005 누룽지 경전 • 35

006 박노수의 비망록 • 36

007 모래시계 • 37

008 바장조 • 38

009 안개 걷히다 • 39

010 그래피티 • 40

011 스테이 목아 • 41

012 낭도 쌍용굴 • 42

013 돼지국밥 두 그릇 • 43

014 그러나 시인이여 • 44

PART 03 | **제3부** • 45

   001   재봉틀은 늘 봄이다 • 47

   002   무지기치마 • 48

   003   무지기치마 · 2 • 49

   004   반지 • 50

   005   패티코트 • 51

   006   살창고쟁이 • 52

   007   첫눈 • 53

   008   대슘치마 • 54

   009   사육장 소묘 • 55

   010   두물머리 징검돌 • 56

   011   물소리 왈츠 • 57

   012   낮별 • 58

   013   명품관이 오픈했어요 • 59

   014   시침 떼기 • 60

PART 04 | **제4부** • 61

   001 민달팽이의 말 • 63

   002 스토킹 • 64

   003 동전 벽화 • 65

   004 소품이 되다 • 66

   005 해송 • 67

   006 새의 길은 23번 국도에서 끊긴다 • 68

   007 태풍 필사 · 2 • 69

   008 대도大盜 • 70

   009 혹쐐기풀 • 71

   010 말뚝이 보초병 −지아비의 늦사랑 • 72

   011 동전과 인형 사이 • 73

   012 세컨 하우스 · 2 • 74

   013 거랑가에서 • 75

   014 다솔사多率寺 죽비 • 76

   015 그저 줍다 • 77

PART 05 | 제5부 • 79

001 산 그늘, 물 그늘 −그림자 백서 • 81

002 씨앗 −그림자 백서 2 • 82

003 휘영청 −그림자 백서 3 • 83

004 여태도 없네 −그림자 백서 4 • 84

005 탑 −그림자 백서 5 • 85

006 낮의 길 −그림자 백서 6 • 86

007 물집 −그림자 백서 7 • 87

008 새벽 스케치 −그림자 백서 8 • 88

009 뿌리 −그림자 백서 9 • 89

010 솔빛 달빛 −그림자 백서 10 • 90

011 늦은 꽃 −그림자 백서 11 • 91

012 뒤꿈치 −그림자 백서 12 • 92

013 들풀 −그림자 백서 13 • 93

014 기도 한 채 −그림자 백서 14 • 94

PART 06 | 작품해설 • 95

PART 07 | 약력 • 125

제1부

터

잠든 길 깨워놓고 주술 건 흙이 있다

서리서리 녹인 결기, 춤추는 불이 있다

손금이 삭고 다 삭아 뼈가 하얀 손도 있다

노각을 읽다

이미 떠난 계절인데 한 발 한 발 되돌아와
걷이 끝난 텃밭에서 낮고 깊은 포복이다
부러진 지지대를 넘는 목민심서 한 구절

바람의 자장가는 더욱더 천연스러워
밧줄을 내려주는 건 찬 서리와 먹구름뿐
몽당붓 다 닳을 때까지 옹차게 매달린다

육탈의 터치인가 짙어지는 쇄골 문장
터진 살 악문 사이 마지막 물이 오른다
무명빛 달빛을 지고 탱탱하게 차오른다

섶마리 실루엣

아집의 옷은 벗고 물옷 한번 입어 봐요
동창천 두물머리, 사릉대는 물빛 만장
갈라진 결들이 모인 부드러운 실크죠

욕망의 숄은 벗고 노을 슬쩍 걸쳐 봐요
어성산 적벽 이마, 하늘대는 놀빛 만장
흩어진 빛들이 모인 눈부신 벨벳이죠

솔기 따위 필요 없어 마름질이 자유로워
날마다 겹쳐 입어도 도무지 싫증 안 나는
솔바람 여울에 굴려 선선하게 입어 봐요

그믐달

품 너른 하늘에도 꼭 품던 칼 있었네

담금질 끝이 났나 무애無㝵로 돌아갈 시간,

새벽 놀 쓰윽 물고서 댓살 같은 미소 짓네

돌계단 테라피

반듯한 보도블럭 틈이 자꾸 넓어졌다
둑길도 둘레길도 모랫길은 더욱 아닌
또 다른 초심의 행로, 사리암을 오른다

싸리꽃 환한 안부, 봄을 쪼는 딱따구리
허울 벗어 던지듯 맨발을 내디디면
단단히 맞물려 있는 모난 돌이 웃는다

금이 간 모서리마다 피워 올린 초록 이끼,
백 년을 짓밟혀도 아퀴를 더욱 죄는
한마음 오롯한 영접에 오늘 다시 부끄럽다

법문 읽듯 한 장 한 장 깊어진 보폭 아래
눈물방울, 땀방울이 물집을 터뜨리면
생채기 여무는 한나절, 꽃물도 확 번진다

리폼

해진 옷 맡길 때는 자전거를 타고가요
30여 년 낡고 낡은, 딱 한 벌 나들이옷
그런 옷 안고 갈 때는 휘파람을 불며가요

꼬질꼬질 솔기에도 미륵이 숨었는지
공복의 악수마다 의연하던 품새였죠
페달에 휘감겨 도는 봄먼지가 구수해요

그대 옷 찾으러 갈 땐 자전거를 타고가요
삑사리 휘파람은 바람에게 리폼받고요
반백을 함께 하고픈 나의 길도 리폼해요

뿌리 경전

서로를 등지듯이
떠날 것도 아니면서

무량한 어둠 속을
파고드는 천수관음千手觀音

빛바랜 사경 밖으로
꽃 한 송이 밀어낸다.

태풍 필사

거듭된 경보에도 움막으로 들어간다

바람길도 둑이 터져 천지가 들썩이면

마음은 배흘림기둥 천천히 깎고 있다

쇠뿔이 들이받나 빗장들도 악다문다

휘어지며 날을 세운 댓잎의 물구나무,

적막의 뿌리를 캐며 따라 넘는 발자국

되새김질하다

꽃의 말일까 가시로 찌르더니
나무의 말씀일까 도끼로 찍어댄다
제 풀에 삼키지 못해 쓰디쓰게 겉도는 말

우적우적 차오르는 거칠고 사나운 혀
엎드린 소가 되어 끼니마다 되새기면
잘 섞인 여물 속으로 풀꽃 한 송이 쓸쓸하다

얼마나 되삼켜야 꽃다운 꽃이 될까
한 생을 돌아오면 마음 터 우직해질까
쓴 물을 길어 올리며 세 치 혀를 달랜다

귀뚜라미 읽는 밤

벽과 벽 그 틈새로 화살들이 발사된다
높지도 낮지도 않는 그 보법 그대로다
처서의 문전에 꽂힌 저 따끔한 전율들

빈 촉에 묻은 것이 과연 울음뿐인지
고요의 봉기이며 어둠의 노역인지
아무나 얻을 수 없는 천만 가지 답인지

별과 별 사이사이 여전히 쏟아진다
암시도 반전도 없는 저들만의 으뜸화음,
서늘한 달빛을 보챈 활시위를 거둔다

명품대전名品大戰

영하 9도 백화점 앞 노숙의 텐트 행렬
밤톨 같은 막내 아들 밤새워 떨고 있다
선착순 한정판에 꽂힌 저 구겨진 기다림

느린 햇살 바투 당겨 신발끈을 조인다
핏빛 눈자위에 좀비보다 검은 걸음
목숨 건 에스컬레이터, 역주행도 불사한다

아들아 부디 빈손, 더 처절히 돌아오렴
꽉 깨문 그 희망엔 치사량의 독이 있어
젊음의 서사를 잃은 Mz세대의 오픈런

0원 마켓

0원, 잔고를 보며 통각마저 잃었다
대박을 바랄 수 없는 영원 마켓 개업날,
눈치껏 뒷걸음질 쳐도 어느새 맨 앞이다

바람아 등 떠밀지 마 난 아직 스무 살이야
쌀, 라면, 견과류와 온기의 꽃방석까지
마음껏 담은 바구니, 눈물값만 내민다

공짜는 없다는 옛말, 영원히 공짜란 여기
허기의 끝이 무는 손길의 막다른 곳에
갈대숲 다 빼앗기고 서성이는 청고라니

차꽃

찬바람 껴안으며
서늘히 오는 여자

마지막 가을 햇살
알뜰히 덧바르고

과감히
사랑을 등지고
한 세상 가는 여자

골드베르크 변주곡*

아리아로 시작되었다 그가 연 밤무대
나비잠 몰려오며 눈썹이 간지러웠다
서서히 걸려든 주술, 귀를 내려놓는다

나른한 강을 뚫고 자맥질이 허락되었다
서른 번의 혼절과 그 만큼의 황홀 속에
서서히 잠이 들었고 화들짝 깨어났다

같은 듯 다른 운명, 하나로 이어질 때
길은 더 멀어졌나 되돌아온 아리아,
천상의 바람을 안은 알파별의 긴 속삭임

*바흐의 곡, 서른 개의 변주로 음악적 구성이 돋보이는 수작

유나 킴*

팽이꽃 한 송이가 얼음에서 싹이 텄네
저 홀로 일으킨 바람 회오리로 몰아치며
햇살도 그림자도 없는 빙점 아래 자랐네

음악이 미끄러지면 숨과 숨 멈추었네
얼렸던 눈물 만섬 사각사각 오려내며
하얗게 꽃피운 미소, 온 누리를 밝혔네

어느새 학의 나래 그 가벼운 깃날들이
번개를 가로질러 천둥과도 빙그르르
천상의 어깨를 너머 태극하늘 열었네

*김연아

막대만 두 개

자자한 소문 끝에 처음 본 아이스깨끼

새로 산 요강단지에 호박잎 싸서 넣고

손녀딸 몰래 주려고 이고 왔던 외할매

입맛 꾹꾹 다시며 십리 길 달려와서

평상에 불러놓고 개봉박두 해보니

막대만 흥건히 남았다네, 울지 못할 말복날

제2부

02

마음 씨앗

먼 언덕 구절초였나
뒷도랑 개똥각시였다

눈 맑은 후투티였나
외눈박이 뻐꾸기였다

만천하
드러날 씨앗,
저 혼자만 품고 있는

모래 백비

174호* 비밀작전이 투하된 장사해변
풍랑 드센 갑판 위 꽃다운 목숨이었다
서러운 울음이 없는 범이었다 천둥이었다

시퍼런 파도살은 큰바람 말아올리고
퍼붓는 총탄은 모래폭풍 일으키며
두려움 혀로 깨물던 열일곱을 삼켰다

포효를 뚫고서야 유적이 된 슬픈 바다
구조선 놓쳐버린 모자와 이름표가
알알이 붉은 모래밭, 삐죽이 묻혀있다

*영덕 장사상륙작전은 인천상륙작전의 성공을 위한 전략적인 양동작
 전이었다

스물셋

붉은 섬, 해방은 또 다른 점령이었다
무차별 명령 아래 피로 물든 마을마다
비리던 사월의 비는 길을 잃고 역류했다

별빛도 두 눈 가려 초침마저 흐린 새벽
철커덕 당긴 신념, 암살은 필연이었다
당당한 동지의 뼈와 함께 찍은 마침표

섬 가득 증언해 준 총구에선 풀내가 났다
바다 건너 뭍을 건너 하늘까지 맘껏 스민
스물셋 향기의 값이 천년보다 더 깊다

*제주 4.3 때 도민을 무차별 학살한 박진경 대령을 암살한 의인, 문상길은 그때 스물세 살이었다

한강을 업다

이념의 가윗날에 너덜했던 앞섶이었다
칼바람 사이사이 눈발 듬뿍 쟁여 넣고
피 묻은 설야의 줄기, 침묵으로 누벼왔다

천덕꾼 무명바지엔 숫눈조차 누더기라
달구지 하나 없이 푹푹 빠져 기던 행렬,
똬리 튼 보따리 속엔 밑불 자꾸 꺼졌었지

언 몸이 노가 되어 달을 업고 건너던 강
쩌엉쩡 천둥 울음 철교를 잇지 못해
동강 난 무개화차만 남쪽으로 밀고 있다

누룽지 경전

납작한 밑불에서
자작자작 굳어갔다

화석이 되고서야
천근 속 풀어낼까

한 사발
뜨거운 바다,
누굴누굴 견디는 섬

박노수*의 비망록

낡고 식은 벽난로가 다시금 따뜻해졌다
백묘*의 버들가지가 오래된 강을 부르면
기억에 닿지 않아도 돌아드는 피사체들

외로움도 쓸쓸함도 담장 아래 묻었다
화폭의 빈터마다 파종한 푸른 씨앗,
도도한 백학의 걸음이 길슴길슴 자랐다

붓끝이 가늘어야 드러나는 쪽빛 신전,
하얗게 휜 등뼈로 오늘을 뒷짐 진 채
여리고 지긋한 눈빛, 온누리에 내려앉는다

*한국화가
**동양화에서 먹의 선만으로 그린 기법

모래시계
—장사리에서

잃어버린 기억 속에 신음만 반복하는
파도의 책갈피에 밑줄 쳐 둔 전설인가
의병도 독립군도 아닌, 까까머리 학도병

수직도 가를 듯한 숨 멎는 포복 뒤에
쓸려가고 쓸려오며 모래알에 깔린 함성,
피눈물 헹군 안부만 빈 바다를 떠다닌다

찢어진 교복의 앞섶, 째깍째깍 도는 얼굴
펴지 못한 양날개가 두려움에 퍼덕일 때
앙가슴 뚫고 간 총알, 시간 다시 뒤집는다

바장조

섶마리 갈대밭에 가을이 흐릅니다
징검돌 미끄러지며 고둥 잡는 천씨 할매
허리를 길게 펴면서 붉은 숨을 토합니다

무명바지 난민들의 아우성도 다가옵니다
주먹밥 나눠 먹던 70년 전 그 허기가
촤르르 흑백영상으로 물소리를 냅니다

겪은 자의 피가 엉긴 노을은 늘 바장조,
데인 듯 퍼덕이는 왜가리의 날갯짓따라
아픔은 또 묻고 가라고 갈바람이 앞섭니다

안개 걷히다

김해공항 활주로에 스멀스멀 다가오는
이방의 미소들이 소리 없이 안착한다
아프칸 난민의 무리, 시작된 울산살이

한때 바닥이었던 오래잖은 기억 앞에
손팻말 엄마 시위대 아우성도 다독이며
바람이 던져준 싸리비, 함께 받아 꼭 쥔다

피보다 짙은 안개 눈 뜨고도 갇힐 때면
낯선 피부, 낯선 노래 한 발씩 더듬으며
실팍한 햇살 당겨와 구부러진 길을 편다

그래피티*

어두운 골목길은 내일의 도화지다

소외된 눈물들이 왁자하게 다다른 곳

바람도 가로막던 벽, 화려하게 일어선다

흰 손과 검은 손이 잡지 못한 할렘가처럼

얼룩진 도시의 뒤란, 다시금 파종하며

탈색된 상처를 골라 햇살은 또 덧칠한다

*거리의 벽을 이용하는 화법, 뉴욕 할렘가에서 시작되었다는 설이 있다

스테이 목아

내 머물
집이 아니라
그대 쉴
집입니다

홀로 누릴
빛이 아니라
함께 밝힐
어둠입니다

밤새워
따끈히 데워줄
시 한 숟갈
별 한 사발

낭도 쌍용굴

산을 지고 내려와 섬에 뿌릴 내렸어요

절리를 돌고 돌아 푸른 해벽 뒤꿈치

누천년 각오를 세워 서녘 바다 껴안아요

가시 돋힌 파도살에 둥그렇게 다듬어져

입술 깨문 자갈들을 뱉어내는 그믐밤

검붉은 용이 된 우리, 승천을 꿈꾸어요

돼지국밥 두 그릇

범인과 프로파일러가
순순히 받은 겸상

살아서 달아나야 할
목구멍이 꾸역꾸역

끝까지 다시 잡아야 할
포도청도 꾸역꾸역

그러나 시인이여

그러나 시인이여 남길 것은 남겨야지
표절의 붓자국과 매명의 발자국들
숨겨져 잊힐 그 이름, 야사에는 새겨야지

그리고 시인이여 달빛으로 닦아야지
진솔한 상징으로, 또 화해의 은유로
짓밟힌 꽃잎의 눈물, 그 꽃물 들여야지

제3부

03

재봉틀은 늘 봄이다

자개농 구석 자리 아직 등을 숙이시네

발밑에 묶인 자존, 한 올 한 올 끌어 올려

땟물진 누비바지에 꽃샘 안부 물으시네

날마다 맞서야 할 난장의 교차로에서

박음질로 달린 생애, 봄맞이 오시는지

올 풀린 블라우스에 꽃망울로 앉으시네

무지기치마*

우뚝한 너를 위해 가랑이를 사수한다
다디단 배역에도 굽이 자주 휘청일 때
속 좁은 바지통 안에 늘상 뜨는 무지개

분수 넘던 칼주름에 휘감기는 먼지까지
어르고 쓰다듬고 사뿐히 수습한 뒤
속울음 햇살에 시쳐 새 길들을 공구른다

색은 다 바랬어도 다짐 같은 일곱 층계
질펀한 바닥끝에 웃자라듯 몸 부풀린,
하늘 땅 알뜰히 고아 동그마니 받는다

*속치마, 무지개의 옛말

무지기치마 · 2

풀잎도 풀이 죽는 반지하의 삶이었다
무지개 든 적 없는 계단의 사각지대,
주름살 접었다 폈다 접질린 채 사는 여자

스스로 판 웅덩이에 일상처럼 넘어져도
낯익은 어둠을 덩그러니 끌어안으며
올 성근 자락 사이로 무명달빛 환한 여자

반지

있는 듯 없는 듯이 반짝이는 소우주
초승의 얇은 이마, 별 몇 개 총총 박힌
오래된 프러포즈가 손아귀서 놉니다

아무리 흐린 날도 내겐 환한 하늘입니다
햇살로 와 쬐어주고 노을로 와 붉습니다
순도 백 금빛은 아니어도 한없이 부십니다

누구 앞에 보란 듯이 서약한 적 없는데도
구속이 아름다워 한시도 빼지 못하는
가녀린 심지를 감싼 단단한 뿌리입니다

패티코트

반지하 어둠에도 독백의 꿈은 높다
눅눅한 소음 아래 소리 죽인 발자국,
그 속내 부추기면서 철심을 박는다

은유가 되지 못한 겹겹의 속곳부터
치켜올린 허리춤에 납작해진 가슴까지
고요한 시간의 연못, 기꺼운 침잠이다

물 위는 미로이고 물 밑은 미궁이다
수면을 사수하는 당신은 누구신지
똬리 튼 달무리 가득, 수궁 한 채 덩그렇다

살창고쟁이*

개똥밭에 굴러도 속살은 달밭이라
어둠살에 찢겨도 뼈대는 대밭이라
어머니 손수 지어준 질긴 무명 속바지

덫에 걸린 하루해가 노을마저 따돌리고
생꽃잎 짓이기듯 마른 억장 무너뜨려도
목 잠긴 한숨 주머니 멀리 두라 하셨다

눈물 값 받지 못하여 그믐 되레 환한 날
핏물 밴 솔기마다 남은 목숨 길들이며
숭숭숭 바람을 뚫어 속 시원히 살라셨다

*창살 같은 트임이 있는 속바지

첫눈

별빛을 찍어왔나
달빛을 솎아왔나

온기도 없는 것이
어찌나 따뜻한지

밤 꼬박 안고 뒹굴며
설레는 프러포즈

대슘치마*

조붓한 땅이지만 품은 늘 바다였다
경계가 높을수록 다져야 할 밑자리
속곳과 고쟁이의 말, 흘려듣지 않는다

날숨을 죽여 가며 들숨 크게 들이키면
눈물 고름 자죽자죽 물살로 흩어지고
열두 폭 모시풀 너머 만월이 떠 올랐다

앉아도 선 듯하고 서 있어도 앉은 듯한
넉넉한 품을 다해 피워내는 소금꽃밭
고요히 받드는 행렬, 어둠 가득 켜들었다

*예복 안에 입는 속치마

사육장 소묘

물소리 배경이 된 섶마리 강 건너에
수백 마리 울부짖음 하늘 땅 두드린다
칸칸이 목을 내밀고 버무리는 파열음

피둥피둥 붙은 살이 근수를 더할 때까지
폭염의 붉은 고삐 혀를 끌어 당기지만
뿔 가득 차오르는 슬픔, 창살마저 휘굽는다

저들도 죽음 앞에선 열반에 가 닿을까
길 밖에 길은 그저 뜬 눈 안에 접어두고
물의 말 등뼈에 채워 쉰 목을 잠재운다

두물머리 징검돌

오는 물 가려 막아 담담히 놓았어요
강 너머 건너려면 한 땀 한 땀 밟고 가세요
뭇상처 치대어 와도 거북등처럼 단단하죠

가는 물 놓아주며 지은 노래 있어요
중간쯤 되돌아와 가만 앉아 들어보세요
꾸밈도 추임새도 없이 시스루처럼 부드럽죠

어느새 쉽고 빠른 지름길로 가는 그대
물과 돌 아린 간격, 깨금발로 짚어봐요
밤이면 수달 한 쌍이 달빛 속에 동행하죠

물소리 왈츠

징검돌 놓인 후에 애인처럼 가까워졌네
경중경중 뛰어들어 분연히 잠겨보면
하루를 동글려 주는 귀밑머리 속삭임

애초에 저 물에는 소리가 없었다지
때로는 급물살 진 반전의 아우성도
두 귀로 꼭 껴안으며 밤마다 밟는 스텝

호르릉 물총새가 오선 위에 통통 튀면
멀고도 가까운 우리, 세 박자로 잇는 시간
볼 붉은 달빛 싸라기 저도 따라 나부끼네

낮별

이웃집 박꽃들이
돌담 너머 날름댄다

씨앗은 심지 않고
별만 헤는 시인에게

땅에도 별은 있다고,
고개 숙여 보란다

명품관이 오픈했어요

선암서원 눌연가에 명품관이 열렸어요
산수유 실크 원단 강물까지 물들였죠
봄맞이 고운 원피스 여기 와서 재단해요

소나무 그늘 아래 제비꽃들 천지예요
대롱대롱 이슬까지 발끝마다 엮고 꿰어
세상에 단 하나뿐인 풀꽃구두 맞춰봐요

거품도 세일도 없고 갑질도 환불도 없는
풋풋한 향내 가득 날마다 신상인 것,
쑥 냉이 수북이 담은 명품백을 만들어요

시침 떼기

금지옥엽 키운 손자 장가들어 좋았네

싹싹한 손주 며느리 같이 살아 더 이뻤네

"고거이 이뻐 죽갔어 오디서 고거이 채완!"

둘이서만 알콩거리자 슬슬 미워졌네

급기야 영화 보고온 날 대문까지 잠군 시할미

"몰갔어 누구레 기랬는지 내레 어드레 알간!"

제4부

민달팽이의 말

땅 한 평 못 가져도 반드시 건너갈게

집 한 채 못 지어도 끝까지 올라갈게

내 안에 그대 있으니 보무도 당당하게

스토킹

밤마다 훔쳐보죠 빛나는 그대 눈빛

사계절 찍어대죠 흔들리는 그대 맘빛

그대는 별 아니면 꽃, 나는 죄가 없어요

동전 벽화

바위의 생채기에 생채기를 덧붙인다
저민 듯 쌓인 적막, 오랜 잠을 깨워내면
뼈마디 새긴 문양이 슬그머니 가렵다

다 닳은 상처에도 보다 더한 상처 있어
백 원짜리 호호 불며 퍼즐을 맞춰간다
헐찍한 기도 값에도 부푼 꿈의 사잇길

칼금이 깊을수록 착 안기는 동전 공양,
이끼마저 파고들어 서리서리 깍지 끼다
녹물 밴 청동 기도문, 벼랑 끝에 여여하다

소품이 되다

명품백의 행차에 내 어깨는 가방걸이다

혹시나 비 젖을까 어쩌다 스크래치날까

꼼짝도 하지 못하는, 나는 이미 소품이다

해송

녹빛 끝동들이 노을을 낚아챈다
그늘진 곡선 너머 어깻죽지 물들이며
꽂는다 바람의 뒤꿈치, 붉은 침을 꽂는다

물러선 짠 내음이 엮어준 햇살이었나
꼬득꼬득 문어 다리 마을을 말리는 동안
바다는 치마폭 펼쳐 해벽 다시 적시는데

파도가 치댈수록 수평에 닿는 기울기
태풍의 숨비소리 한사리씩 깨워낼 때
천리 밖 푸른 귀 열어 어린 섬을 키운다

새의 길은 23번 국도에서 끊긴다

어제의 그 길 따라 꽃은 계속 피는데
새끼 먹이 꽉 물고서 둥지로 갈 뿐인데
한순간 찢어진 날개, 가해자는 없단다

유유히 건너왔던 칼바람 긴 얼음골,
역류의 급물살에도 깃 다치지 않았었지
책임질 자국도 없이 반짝이는 투명벽

살금살금 몰려들어 포식하는 들짐승과
함께 날고 싶은 꽃잎들의 위로 앞에
끊어져 모로 누운 길, 경적 소리 태연하다

태풍 필사 · 2

3평짜리 컨테이너, 전야는 아늑했다
진을 치던 거미와 득실대던 고양이까지
삽시간 달아나버리고 홀로 깊이 멎는 시간

등 아래 귀뚜리 울음, 친구라고 다가왔다
어두운 귓밥 속에 고스란히 안겨오면
고요에 미끼를 던진 무저항을 베낀다

마을을 삼킬 듯한 들소떼의 횡단에도
마음껏 쓰러지며 다시 서는 대숲 허리,
아껴둔 자서 몇 장을 단숨에 찢었다

대도大盜

사리암 바람벽에 동전들이 나붙었다

쌀 달라 꿈을 달라 반짝이던 기도 조각,

한순간 쓱 집어가 버린 아, 귀여운 조막손

혹쐐기풀

당신의 낡은 백팩,
우연히 들어봅니다

얼기설기 돌부리들,
천근만근 쇳덩이들

그 무게
나눌 길 없어
마냥 곁에 핍니다

말뚝이 보초병
−지아비의 늦사랑

부스스 새벽 열면 저 먼저 새벽이었다
수레로 트럭으로 바퀴로만 구르던 아내
온 세상 고봉밥 퍼주고 저는 늘 반 공기였지

하루아침 백치 되어 창가에 누워있다
만 원짜리 100장이 이제 와 선물이 될까
어줍은 열손가락이 세종대왕과 종일 논다

종이학도 시들고 늦사랑도 지칠 때면
상사화 남은 미소 엷게 넘는 해넘이길
슬며시 따라 넘다가 열 차렷, 다시 선다

동전과 인형 사이

백야의 밤이 왔다 뽑기방에 홀로 서서

동전과 인형 사이 오기만 부려댄다

맹랑한 덫에 걸려든 사랑이란 저 집게발

세컨 하우스 · 2

내 집은 직사각형, 조립식 3평 남짓
뱀 꼬리 늘쳐놓고 밥값하는 흑고양이와
가끔은 소름도 지우며 비밀을 나눕니다

한낮은 열대우림 밤은 또 시베리아
몇 가닥 빗소리도 우레같이 달려들면
짙푸른 야성을 키운 나도 마냥 질긴, 잡초

적막에 물을 붓는 부엉이 쉰 울음에
젖은 몸 뒤척이다 조각달로 보낸 새벽,
귀뚜리 약침 맞으며 숨은 근성 깨웁니다

거랑가에서

강물이 멈칫멈칫 섶마리를 훔쳐본다
수백 톤 쏟아 부은 흙, 키보다 넌출대면
겁먹은 개망초 사이 포크레인 춤춘다

금 그어진 담장들이 오지게 다져지고
푸석한 마당에는 돈나무가 심어졌다
주인은 바람을 막아 굵은 빗장 다시 건다

벼랑 건너 새끼부엉이 울음까지 잿빛이다
고요를 잃어버려 새벽마저 잃어버려
허기진 낮달을 건져 다가오는 물소리

*거랑 : 강의 경상도 사투리

다솔사多率寺 죽비

솔빛에 낮달 놓아 적멸보궁 들어선 날

손 세 번 씻고 들라는 글씨 한 줄 따끔하네

적당히 헹구던 버릇, 타악타악 혼령이 붙네

솔빛도 지워내고 낮달도 닦아내고

적멸에 묻힌 보궁, 그마저도 버리고서

흐르는 물소리 따라 빈 손 가만 모으네

그저 줍다

서점에 가지 않아도
안경을 끼지 않아도
눈 온 뒤 골목에는
흑백 경전 눈부시다
하얗게 덮어주었는데
시꺼멓게 녹은 낱말!

꽃집에 가지 않아도
내음을 맡지 않아도
풀 벤 뒤 마당에는
풀꽃 경전 향기롭다
낭자한 칼날 끝에서
꿈틀대는 작은 씨앗!

제5부

산 그늘, 물 그늘
-그림자 백서

그대가 산이라면
난 그늘, 산 그늘

그대가 물이라면
난 그늘, 물 그늘

골짜기 더 깊어지게
여울 더 맑아지게

씨앗
―그림자 백서 2

너럭바위 만났으면 말라버릴 씨앗 한 알

물웅덩이 만났어도 썩어버릴 씨알 한 톨

아아아 천년 황무지, 이슬 아래 받습니다

휘영청
−그림자 백서 3

어여쁜 꽃이라면
나도 따라 필 수 있어

과감한 열매라면
나도 따라 뛰어내릴게

휘영청 달빛이라니
강물 속에 흔들릴밖에

여태도 없네
−그림자 백서 4

그대가 우담바라면 나도야 우담바라지

그대가 애기똥풀이면 나도 그냥 똥풀이지

어쩌나 그 향기는 없네, 여태도 내겐 없네

탑
-그림자 백서 5

부서진 기와 모아
탑을 쌓는 한 사람

와르르 무너져도
쌓고 또 쌓는 사람,

그 틈새 자갈돌 고아
채워가는 또 한 사람

낫의 길
―그림자 백서 6

그의 낫, 지나간 길
땀내가 흥건하다

잡초의 질긴 뼈와
욕망을 솎아낸 자리,

샅샅이
쓸어 담지만
내겐 멀다 그 내음

물집
―그림자 백서 7

공암풍벽 오르는 길, 정상은 멀지 않았다

물집 잡혀 주저앉은 흥건한 너의 곁에

솔바람 먼저 보내고 나란히 등 기댔다

약속된 길이라도 때로 잠시 지우는 것

동행이란 말의 씨앗 곱게도 피는 사이

먼 하늘 뒤꿈치에도 쉬어가는 흰 낮달

새벽 스케치
−그림자 백서 8

우산을 건네던 사람
붉은 해를 그렸네

징검돌 놓아준 사람
깊은 물길 그렸네

홀연한
그대 역습은
노을이었나 윤슬이었나

뿌리
-그림자 백서 9

"저 연못 다 만들면 백련만 심고 싶다"
스승의 말씀 끝에 수소문한 망월사*까지
신동재 휘 굽어 돌아 단숨에 달려갔다

뿌리째 구하려는 연유는 가상하지만
참인지 거짓인지 시험하려는 주지 스님
"못물이 가슴까지인데 직접 캘 수 있겠나"

선문답은 못할 처지 눈치 볼 것 없었다
"턱까지 차오르더라도 기꺼이 하겠습니다"
그 각오 보겠다는 듯 연밭으로 재촉했다

때마침 물을 빼고 훤한 못을 아신 농담
"허허허 제자의 용기에 물도 저를 비웠네"
금보다 귀하게 얻은, 속이 하얀 연근 몇 점

*망월사 : 백련지로 유명한 절

솔빛 달빛
−그림자 백서 10

하루도 변치 않는 솔의 저 뚝심 앞에

하루도 같지 않은 달의 저 예쁜 변덕,

따끔히 찔리면서도 덩그라니 안기네

늦은 꽃
−그림자 백서 11

그대 넓은 꽃밭은 빈틈없이 꽉 찼군요

과꽃, 깽깽이풀꽃, 부용화, 수국까지

여전히 꿈틀거리는 내 자리는 없을까요

다 늦은 저녁까지 오래 남아 있겠다고

필 때보다 시들 때 향기 더욱 매울 거라고

단단한 씨방을 익혀 담장 아래 숨는 꽃

뒤꿈치
-그림자 백서 12

당신의 발자국은 소리가 없습니다

들풀의 향기조차 젖은 귀를 여는데

따르는 뒤꿈치들만 복닥복닥 하다닥

들풀
−그림자 백서 13

그 사람 오는 길섶 들풀이면 좋겠네
오종종 키 낮아도 향기는 천근 물어
첫걸음 환히 밝히는 들꽃이면 좋겠네

그 사람 가는 길목 촛불이면 좋겠네
가물가물 닳아가도 심지는 뜨겁게 남아
뒷모습 끝내 지키는 불씨이면 더 좋겠네

그 사람 머무는 곳, 머물다 훌쩍 간 곳
마른 풀 바스러지고 재 되어 흩어진 후
한 방울 빗물 언저리 씨알 되면 더, 더 좋겠네

기도 한 채
―그림자 백서 14

우연히 방명록에 대신 써준 그대 이름
모음에서 손끝으로 짜릿한 전율이 일어
서른 해 변하지 않는 첫정 한 술, 고이네

네거리 현수막에 구겨진 얼굴 있어
혹시나 흉이 될까 바람 먼저 달려갔지
아직도 못다 채워준 연민 한 사발, 넘치네

청동빛 그대 흉상, 시시로 비에 젖어
주름진 두 눈가에 이끼 자꾸 늘어나네
끝까지 닦아주어야 할 기도 한 채, 세우네

06

정답 해설

깨어 있는 정신이 만든
미학적 성채로서의 시

손 진 은 | 시인, 문학평론가

상황 만들기와 자연, 인공에 대한 반응

 정경화의 시집을 읽으면 그 시 의식의 바탕에는 자연이 녹아있다는 것을 어렵지 않게 알아차릴 수 있다. 시인이 거주하는 곳도 그러려니와 만나는 풍경들, 사물들, 어느 하나 자연과 관계를 맺지 않는 것이 없다. 시인은 아예 자연에 푹 빠져 자연으로 숨 쉬고 있는 듯한 느낌마저 준다. '상황 만들기' 능력이 돋보이는 두 편의 시로 논의를 시작해 보자.

> 선암서원 눌연가에 명품관이 열렸어요
> 산수유 실크 원단 강물까지 물들였죠
> 봄맞이 고운 원피스 여기 와서 재단해요
> ―「명품관이 오픈했어요」 첫째수

> 명품백의 행차에 내 어깨는 가방걸이다
> 혹시나 비 젖을까 어쩌다 스크래치날까

꼼짝도 하지 못하는, 나는 이미 소품이다
—「소품이 되다」

'명품'이라는 말이 공통적으로 들어가 있지만 시인이 어떤 대상을 마주하냐에 따라 태도와 관점이 확연히 달라지는 예를 우리는 본다. 먼저 시인의 시선이 청정 자연 쪽으로 향할 때 마음의 풍요를 보라. 이 때가 시인에겐 내적으로 충만한 상태이며 '눌연'은 순수한 환상공간이 된다. "선암서원 눌연가에 명품관이 열렸어요"라는 첫 번째 작품은 우리의 일상적 생각을 뒤집는다. 조선조 선비 박하담이 어눌한 연못이라는 뜻으로 이름 붙였다는 눌연訥淵, 이곳에 명품관이 문을 열었다니! 이런 재치 있는 '상황 만들기' 능력이 시인에게는 있다. 이 명품관은 수많은 디자인들을 재단하는 일을 하는데, 이 계절에는 "산수유 실크 원단 강물까지 물들"인 이곳에서 "봄맞이 고운 원피스 여기 와서 재단"한다는 것이다. 산에 피어 강물에 비친 산수유, 빛과 색이 은근하게 배합된 그 자체가 봄맞이 고운 원피스의 디자인으로 세상 어느 것하고도 비교할 수 없는 환상적인 매력을 가진다. 그뿐인가? 인용되지 않은 두 번째 수에서는 소나무 그늘 아래 핀 제비꽃에 맺힌 이슬로 "세상에 단 하나뿐인 풀꽃구두"를 맞추겠다 한다. 셋째수 "풋풋한 향내 가득 날마다 신상인 것"에 이르면 자연 속에서 날이 날마다 우리의 눈을 황홀하게 하는 천변만화의 옷들이 신상으로 우리 앞에 만들어진다는 것이다. 이런 신상, 이런 명품이 어디에 있겠는가? 자연에서 얻은 상품기획자 같은 신선하고 싱그러운 생각은 그러나 사회적으로 공인된 명품을 걸친 시인의 모습에서 여지없이 깨어진다. 명품이 주체가 되어 행차하고 어느새 가방걸이가 되어 보조하는 내 어깨, "혹시나 비 젖을까 어쩌다 스크래치 날까" 꼼짝도 못하는 소품이 된 내 존재. 이런 희화화와 주객이 전도된 상황이 이 간명한 시편에는 있다. 시인의 의식 속에는 이미 인공적 세련과 고급상품에 대한 거부감이 들어 있는 것이다.

이런 생각의 밑바닥에는 '자연'의 싱그러움이 인간의 심성을 순화시키고 부정적 현실을 극복하게 한다는 의식이 넉넉하고도 웅숭깊게 깔려있다. 자연이 우리의 몸을 감싸는 의상으로 작용하는 환상적인 풍경은 아래 시조 역시 마찬가지이다.

　　아집의 옷은 벗고 물옷 한번 입어 봐요
　　동창천 두물머리, 사릉대는 물빛 만장
　　갈라진 결들이 모인 부드러운 실크죠

욕망의 솔은 벗고 노을 슬쩍 걸쳐 봐요
어성산 적벽 이마, 하늘대는 놀빛 만장
흩어진 빛들이 모인 눈부신 벨벳이죠

솔기 따위 필요 없어 마름질이 자유로워
날마다 겹쳐 입어도 도무지 싫증 안 나는
솔바람 여울에 굴려 선선하게 입어 봐요
―「섶마리 실루엣」

 '신지리', 혹은 '선바위길'이라 부르는 곳의 옛이름인 '섶마리'의 윤곽을 잡은 시다. 첫째 수, 둘째 수 초장 "아집의 옷은 벗고 물옷 한번 입어 봐요", "욕망의 솔은 벗고 노을 슬쩍 걸쳐 봐요"에서 우리는 먼저 '아집'과 '욕망'이라는 말에 주목한다. 어떤 일을 하든 내 마음속에 '아집'과 '욕망'이 꽉 차 있으면 들어올 수 있는 게 없고 나갈 수 있는 게 없다는 것이다. 그것은 마치 과일 속의 벌레 같아서 그게 많을수록 정작 몸을 다 갉아 먹혀 버린다. 반면에 자연이 우리에게 입히는 '물옷'과 걸쳐주는 '노을 솔'은 인간의 아집과 욕망을 천천히 벗어버리게 한다는 것을 알 수 있다. '금천(錦川:비단 내)'에서 가져왔을 법한 "물빛 만장/결들이 모인 부드러운 실크"와 "어성산 적벽 이마, 하늘대는 놀빛 만장"의 경이는 "흩어진 빛들이 모인 눈부신 벨벳"으로 부드럽게 맨살을 감촉하게 하는 감흥을 일으킨다. 그 옷은 "솔기 따위 필요 없"고 "마름질이 자유로"운 "솔바람 여울에" 굴리기만 하면 되는 대지와 물기운의 세미한 작용과 천기의 변화가 지어주는 무봉無縫의 옷이다. 어디 아집과 욕망뿐이랴! 자연의 기운은 인간이 품은 어떤 아상我相도 집착도 벗어버리게 한다. 먼저 우리는 귀뚜라미 소리를 통해 고요의 역설적 깊이를 표현하는 작품을 만난다.

고요 - 그 깊이와 넓이 그리고 자아의 갱신의지

벽과 벽 그 틈새로 화살들이 발사된다
높지도 낮지도 않는 그 보법 그대로다
처서의 문전에 꽂힌 저 따끔한 전율들

빈 촉에 묻은 것이 과연 울음뿐인지
고요의 봉기이며 어둠의 노역인지
아무나 얻을 수 없는 천만 가지 답인지

별과 별 사이사이 여전히 쏟아진다
암시도 반전도 없는 저들만의 으뜸화음,
서늘한 달빛을 보챈 활시위를 거둔다

―「귀뚜라미 읽는 밤」

 귀뚜라미 울음이라는 셀 수도 없이 뿜어져 나오는, 촘촘하고도 가벼운 청각적 이미지가 가을 밤 온 대기에 편만하다. 시인은 그 소리를 화살로 은유하여, 지상의 벽 틈에서 발사되어("벽과 벽 그 틈새로 화살들이 발사된다"), 마침내는 하늘의 "별과 별 사이사이"에서도 "여전히 쏟아"진다고, "높지도 낮지도 않는 그 보법"으로 허공, 그 "처서의 문전"에 "저 따끔한 전율들"을 꽂는다고 표현한다. 말할 것도 없이 그것은 처서 무렵 대기에 가득한 귀뚜라미 소리에 대한 역동적인 묘사이다. 시인은 여기서 더 나아간다. 귀뚜라미 울음이라는 화살, 그 "빈 촉에 묻은 것이 과연 울음뿐인지", "고요의 봉기이며 어둠의 노역인지", 나아가 "아무나 얻을 수 없는 천만 가지 답인지"라고 '~인지'라는 추측어법을 사용함으로써 확정하지 않고 판단을 지연시킨다. 우리는 시인이 온 대지에 가득한 "암시도 반전도 없는 저들만의 으뜸화음"을 가진 귀뚜라미 울음을 통해 가을 밤의 고요의 깊이와 넓이를 역설적으로 드러내고 있음을 알 수 있다. 가을밤의 고요와 쓸쓸함 같은 키워드는 예나 지금이나 반복된 정서이다. 그러나 시인이 어떻게 말하느냐에 따라 느낌은 확연하게 다르다. 이 경우에도 시인은 상투적으로 말하지 않고 소리라는 화살을 통해 그 정서를 내밀하게 전달하고 있다. 더욱이 "서늘한 달빛을 보챈"이라는 말에서 대기가 양수가 가득한 자궁의 모양을 하고 있음도 살필 수 있다.

이런 자연의 치유력은 힘들게 오르는 돌계단에서도 발견된다.

> 금이 간 모서리마다 피워 올린 초록 이끼
> 백 년을 짓밟아도 아귀를 더욱 죄는
> 한마음 오롯한 영접에 오늘 다시 부끄럽다
> ―「돌계단 테라피」셋째 수

'초록 이끼'는 밟히면 밟힐수록 생생하게 살아 그 밟은 자들을 한마음으로 오롯하게 영접하는 용서와 관용의 표정을 가졌다. 그러니 시적 화자가 "오늘 다시 부끄"러울 수밖에 없다. 그래서 시적 화자 역시 자연의 품 안에서 자신을 '리폼'해 나가야 하는 존재로 파악하고 있는 것이다. 아래 작품은 자연의 싱그러운 품 안에서 자전거를 타고 가는 화자의 해방감과 자아의 갱신 의지를 그리고 있다.

> 해진 옷 맡길 때는 자전거를 타고가요

30여 년 낡고 낡은, 딱 한 벌 나들이옷
그런 옷 안고 갈 때는 휘파람을 불며가요

꼬질꼬질 솔기에도 미륵이 숨었는지
공복의 악수마다 의연하던 품새였죠
페달에 휘감겨 도는 봄먼지가 구수해요

그대 옷 찾으러 갈 땐 자전거를 타고가요
삑사리 휘파람은 바람에게 리폼받고요
반백을 함께 하고픈 나의 길도 리폼해요
—「리폼」

  생동하는 봄의 싱그러움 속에 몸을 맡기고 가는 상쾌함이 물씬 풍겨나는 유쾌한 작품이다. 봄 대기의 기운 속에 싸여 자전거를 타고 신나게 휘파람을 불며 가는 시적 화자의 흥취와 여유는 대자연의 품에서 오는 것이지만, 안고 가는 "30여 년 낡고 낡은, 딱 한 벌 나들이옷"도 의미심장하다. 이 작품은, 그 옷을 맡기러 수선집으로 가는 과정(첫째 수), 수선집을 향해 찾으러 가는 과정(셋째 수) 사이에 옷의 모양새와 대지가 들어 있는 구조(둘째 수)이다. 이 시에서 가장 신선한 조어는 둘째 수 초장 "꼬질꼬질 솔기에도 미륵이 숨었는지"에

나오는 '미륵'이라는 말이다. 미륵은 미래불이다. 그 미래불이 꼬질꼬질한 솔기에 숨었다니! 그건 탱탱한 힘이나 자존을 상징하는 말로 보인다. "공복의 악수마다 의연하던 품새"를 유지할 수 있었던 것도 무너지지 않는 그 힘 때문이다. 그러니 그 옷을 안고 갈 때는 "휘파람을 불며가"게 되고, "페달에 휘감겨 도는 봄먼지"는 불결한 것이 아니라 구수한 것이다. 이 작품에서 그렇다면 낡은 옷은 무엇을 상징하는 걸까? 필자는 그것을 자아의 객관적 상관물이라 본다. 이 작품은 기실 대자연의 품속에서 즐거이 자아를 갱신하러 가는 모습을 형상화하고 있는 것이다. 자신의 가락이 실린 흥겨움마저도 대지의 기운에 고쳐지고("뻑사리 휘파람은 바람에게 리폼받고요"), 자신의 인생길도("반백을 함께 하고픈 나의 길도") 리폼해 나가면서 이후의 삶을 살고 싶은 것이다. 그러나 양수 같은, 그 자연의 품속에서 영원히 살 수는 없다.

훼손된 자연을 보는 동식물과 인간의 마음, 그리고 진혼곡

시인이 몸을 담고 있는 마을, 「섶마리 실루엣」에서 그토록 환상적인 풍경으로 그려졌던 '섶마리', 그 청정의 공간에까지 부는 개발 바람에 덜컥 내려앉은 심사가 잘 느껴지는 아래 작품을 보자.

강물이 멈칫멈칫 섶마리를 훔쳐본다
수백 톤 쏟아 부은 흙, 키보다 넌출대면
겁먹은 개망초 사이 포크레인 춤춘다

금 그어진 담장들이 오지게 다져지고
푸석한 마당에는 돈나무가 심어졌다
주인은 바람을 막아 굵은 빗장 다시 건다

벼랑 건너 새끼부엉이 울음까지 잿빛이다
고요를 잃어버려 새벽마저 잃어버려
허기진 낮달을 건져 다가오는 물소리
—「거랑가에서」

*거랑 : 강의 경상도 사투리

  이 작품에 나타난 자연물이나 동식물들은 힘없는 약자로 의인화되어 있는데, 이들에게 주어진 가혹할 정도로 강하고 폭력적인 현실 앞에서 그들의 반응은 지극히 미미하고 소극적이다. 첫째 수부터 우리는 불안으로 인해 수심에 가득 찬 강물의 몸짓("강물이 멈칫멈칫 섶마리를 훔쳐본다")을, "키보다 넌출대"는 수백톤의 흙 사이에서 "겁먹은 개망초"의 몸짓에서 느껴지는 불길함을 읽는다. 압도적인 폭력의 힘에 무방비로 노출된 왜소한 자연의 세목들의 이런 불안에도 아랑곳하지 않고, 둘째 수에서 "금그어진 담장"으로 표상되는 몰인정과 이기, "돈나무"로 상징되는 천민자본주의는 "바람을 막"고 "빗장"을 건다. 이런 인간의 이기심은 셋째 수 초장, "벼랑 건너 새끼 부엉이 울음까지 잿빛"이라는 표현에서 청각적 이미지를 시각화함으로써 음울함의 깊이를 더한다. 개발의 굉음과 대낮같이 환한 불빛은 "고요"와 "새벽마저" 잃게 하는데 이런 안타까움이 셋째 수 종장에서는 초장에서 쓰인 기법과는 반대로 "허기진 낮달을 건져 다가오는 물소리"라는 시각적 이미지를 청각화하는 기법으로 서로 조응을 이루는 표현으로 끝을 맺는다. 시인은 이런 비참한 상황을 묘사하면서도 불안이나 공포를 직접 노출하기보다는 자연의 고유한 존재성이 위축되는 상황을 시적 구조와 공감각적 이미지를 통해 우회적으로 드러낸다. 이는 시인의 현실 대응 방식이 미학적 표현을 만나 입체성을 획득한 경우이다. 아래 작품은 그 연장선상에서 파악되는데, 이 작품을 통해 우리는 대상을 바라보는 인간과 동식물의 시각 차이를 느낄 수 있다.

어제의 그 길 따라 꽃은 계속 피는데
새끼 먹이 꽉 물고서 둥지로 갈 뿐인데
한순간 찢어진 날개, 가해자는 없단다

유유히 건너왔던 칼바람 긴 얼음골,
역류의 급물살에도 깃 다치지 않았었지
책임질 자국도 없이 반짝이는 투명벽

살금살금 몰려들어 포식하는 들짐승과
함께 날고 싶은 꽃잎들의 위로 앞에
끊어져 모로 누운 길, 경적 소리 태연하다
―「새의 길은 23번 국도에서 끊긴다」

 투명 방음벽을 못 본 새들이 부딪혀 죽어가는 상황을 다루고 있는 이 작품에서 우리는 꽃의 길과 새의 길, 그리고 인간의 길이 엄연히 다름을 인지할 수 있다. 새들은 평소대로 새끼 먹이 물고서 날아서 둥지로 갔을 뿐인데, 투명벽에 부딪혀 죽는다. 이를 시인은 "한순간 찢어진 날개, 가해자는 없단다"로 하여 개인적인 감정이 틈입을 철저하게 배제하는 보고서 같은 어조로 말한다. "칼바람 긴 얼음골," "역류의 급물살에도 깃" 하나 다치지 않았기에 이는 참으로 어이가 없다. 그것을 시인은 "책임질 자국도 없이 반짝이는 투명벽"으로 아무렇지 않게 대응하는 문명의 이기로 표현한다. 그러나 시인은 정작 "경적 소리 태연"한 인간의 길은 방음 투명벽에 부딪힌 새의 주검 앞에 냉담하지만, 꽃잎들은 죽은 새에게 "함께 날고 싶은" 위로를 보내고 있다는 점을 말하고 있다. 시인이 현실 경험을 암시적으로 표현하여 교묘하게 현실 인식을 숨긴 것은 고통스러운 경험이나 현실에 대응하는 시인의 방법적 태도라 할 수 있다.

시인의 눈이 사람으로 향할 때도 항상 약자, 그 중에서도 용기 있는 젊음 쪽을 향하고 있다. 특히 6.25 전쟁 당시 장사상륙작전으로 열일곱 꽃다운 나이에 산화한 학도병의 죽음을 다룬 시편 「모래 백비」와 제주 4.3사건 때의 의인 문상길을 다룬 「스물셋」은 내밀한 현실 인식과 압축과 절제를 바탕으로 올연兀然한 미의식을 결합했다는 점에서 그의 시가 도달한 새로운 지점이라 할 만하다.

> 174호* 비밀작전이 투하된 장사해변
> 풍랑 드센 갑판 위 꽃다운 목숨이었다
> 서러운 울음이 없는 범이었다 천둥이었다

시퍼런 파도살은 큰바람 말아올리고
퍼붓는 총탄은 모래폭풍 일으키며
두려움 혀로 깨물던 열일곱을 삼켰다

포효를 뚫고서야 유적이 된 슬픈 바다
구조선 놓쳐버린 모자와 이름표가
알알이 붉은 모래밭, 삐죽이 묻혀있다
―「모래 백비」

*영덕 장사상륙작전은 인천상륙작전의 성공을 위한 전략적인 양동작전이었다

옥타비오 파스가 『활과 리라』에서 한 말처럼 "시는 감정적 외침이 말하지 못한 것을 듣는 귀"라고 할 때, "서러운 울음이 없는 범이었다 천둥이었다"의 '범'과 '천둥'만큼 비밀작전으로 투하된 열일곱 젊은 영혼의 가슴에 불타는 용맹과 기개를 달리 표현할 말은 없을 것이다. 이런 "꽃다운 목숨"의 포효가 지나자 "슬픈 바다"는 음산한 유적이 된다. "알알이 붉은 모래밭, 삐죽이 묻혀있"는 "모자와 이름표가" 백비가 되는, 감각, 감정, 정서 등을 일제히 삭제시키는 어린 영혼들의 기막힌 상황을 냉정하게 묘사하고 있는 것이다.

붉은 섬, 해방은 또 다른 점령이었다
무차별 명령 아래 피로 물든 마을마다
비리던 사월의 비는 길을 잃고 역류했다

별빛도 두 눈 가려 초침마저 흐린 새벽
철커덕 당긴 신념, 암살은 필연이었다
당당한 동지의 뼈와 함께 찍은 마침표

섬 가득 증언해 준 총구에선 풀내가 났다
바다 건너 뭍을 건너 하늘까지 맘껏 스민
스물셋 향기의 값이 천년보다 더 깊다
-「스물셋」

*제주 4.3 때 도민을 무차별 학살한 박진경 대령을 암살한 의인, 문상길은 그때 스물세 살이었다

  이 시도 마찬가지다. "비리던 사월의 비는 길을 잃고 역류했다"에서 느껴지는 감각은 몰지각한 상관의 무자비한 살상으로 인한 공포와 낭패감을 미적으로 변화시키는 지적 방법을 차용한다. 뒤이어 나오는 둘째 수 중장 "철커덕 당긴 신념, 암살은 필연이었다"의 냉정한 문장, 무엇보다 빛나는 것은 셋째 수 초장, "섬 가득 증언해 준 총구에선 풀내가 났다"에서 느껴지는 소박하고

풋풋한 마음이다. 그러기에 그 풀내, "스물셋 향기의 값이 천년보다 더 깊다"라는 진술로 종장을 마감할 수 있는 것이다.

시인의 이런 인식은 현시대, 도시를 향할 때도 적용된다. 아래 시는 낮은 자들이 모여사는 "얼룩진 도시의 뒤란"에서 '그래피티'라는 벽화의 기법을 통해 상처를 껴안고 따스함의 온기를 전달하려는 시인의 의지를 보여준다.

어두운 골목길은 내일의 도화지다

소외된 눈물들이 왁자하게 다다른 곳

바람도 가로막던 벽, 화려하게 일어선다

흰 손과 검은 손이 잡지 못한 할렘가처럼

얼룩진 도시의 뒤란, 다시금 파종하며

탈색된 상처를 골라 햇살은 또 덧칠한다
ㅡ「그래피티」

*거리의 벽을 이용하는 화법, 뉴욕 할렘가에서 시작되었다는 설이 있다

"어두운 골목길은 내일의 도화지"라는, 화사함을 암시하는 초장부터 이 시는 "소외된 눈물들이 왁자하게 다다른" 골목을 감싸안고 "화려하게 일어선다". 갖가지 동적인 움직임과 활기가 가득한 이야기를 품은 벽화 '그래피티'에서 시인은 "얼룩진 도시의 뒤란"에 생명의 씨앗을 파종하며, 아름다움을 일구겠다는 의지를 다진다. 이 일은 당연히 인간의 몫만은 아니어서 "탈색된 상처를 골라 또 덧칠"하는 햇살의 개입으로 완성될 수 있는 것이다. 할렘가에서 "흰 손과 검은 손이 잡지 못한" 것처럼 '그래피티'는 희망을 속단하기는 어렵지만, 그렇기에 시인은 완성되지 않은 그 지평을 당겨서 예감하고 있는 것이다.

상처의 치유와 봉합, 여성 정체성의 탐구

정경화의 '무지기치마' 연작들은 시인이 각별한 공을 들여 완성한 노작이라 할 만하다. 무지기치마는 한복 속에 입는 속옷이다. 자신을 드러내지 않지만 오히려 이를 통해 한복의 곡선미와 우아를 살리는 역할을 한다. 한복의 속옷을 통해 여성성을 조명하는 이 시편들은 이번 시조집의 시편들 가운데서 미학적 구조가 가장 정교하고 확장성도 크다. 그것은 사물과 존재의 속성을 꿰뚫어 특유의 이미지로 구상화하고 특히 "주름살 접었다 폈다 접질린 채 사는 여자"(「무지기치마·2」)에서 드러나듯 여성의 정체성을 지키려는 시인의 의지에서 기인한다.

> 우뚝한 너를 위해 가랑이를 사수한다
> 다디단 배역에도 굽이 자주 휘청일 때
> 속 좁은 바지통 안에 늘상 뜨는 무지개
>
> 분수 넘던 칼주름에 휘감기는 먼지까지
> 어르고 쓰다듬고 사뿐히 수습한 뒤
> 속울음 햇살에 시쳐 새 길들을 공구른다
>
> 색은 다 바랬어도 다짐 같은 일곱 층계
> 질펀한 바닥끝에 웃자라듯 몸 부풀린,
> 하늘 땅 알뜰히 고아 동그마니 받는다
> ―「무지기치마」

화려한 바깥의 옷, "우뚝한 너를 위해 가랑이를 사수"하는 게 무지기치마다. "다디단 배역"을 맡은 화려한 인생도 삶의 축('굽')이 휘청일 때가 있다. 그때 "속 좁은 바지통 안에 늘상" 무지개로 뜨는 무지기치마가 있다.

둘째 수에서 속치마는 삶의 상처와 자잘한 근심("분수 넘던 칼주름에 휘감기는 먼지")까지 "어르고 쓰다듬고" 수습하는 헌신은 물론, 힘든 삶에서 배어나는 "속울음"을 속으로 떠서 꿰매는("공구르는") 역할까지 한다. 한복의 화려함 속에 감춰진 이런 남모르는 상처와 고통을 홀로 치유하고 봉합하는 모성성이 깃들어 있음을 발견하는 시인의 눈. 마침내 색이 다 바래고 난 뒤에도 남은 "다짐 같은 일곱 층계"는 "질편한 바닥끝에 웃자라듯 몸 부풀린" 자세로 하늘과 땅을 다 품어안는("하늘 땅 알뜰히 고아 동그마니 받는")다. 이러한 미학적 공간의 확장은 이 작품의 빛나는 부분이다. 속치마 안에서 하늘과 땅, 두 세계가 만나고 조화와 균형을 이루는 경이.

앞의 작품이 공간의 확장성을 보여주었다면, 다음의 작품은 안과 밖 사이에 놓인 자아의 내면과 존재성을 그린다.

반지하 어둠에도 독백의 꿈은 높다
눅눅한 소음 아래 소리 죽인 발자국,
그 속내 부추기면서 철심을 박는다

은유가 되지 못한 겹겹의 속곳부터
치켜올린 허리춤에 납작해진 가슴까지

고요한 시간의 연못, 기꺼운 침잠이다

물 위는 미로이고 물 밑은 미궁이다
수면을 사수하는 당신은 누구신지
따리 튼 달무리 가득, 수궁 한 채 덩그렇다
―「패티코트」

 어둠에 감싸인 자아는 내면의 소리를 내고 싶지만("반지하 어둠에도 독백의 꿈은 높다"), 그럼에도 살아가기 위해 발자국 소리를 죽이고, "철심을 박아" 내면의 울을 친다("그 속내 부추기면서 철심을 박는다"). 이 시조의 깊이는 둘째 수, '물 이미지'에서부터 온다. 물 이미지는 이미 "조붓한 땅이지만 품은 늘 바다였다", "눈물 고름 자죽자죽 물살로 흩어지고"(「대슘치마」)라는 개성적인 표현을 얻고 있지만, 이 시조에서는 내면 성찰을 위한 상징으로 물이 사용된다는 점이 다르다. "은유가 되지 못한 속곳"은 "치켜올린 허리춤에 납작해진 가슴"으로, 다시 "고요한 시간의 연못, 기꺼운 침잠"으로 이어지면서 내면의 성찰을 위한 잔잔한 자기 응시가 드러난다. 이미지는 더 미세하고 촘촘하게 진행된다. "물 위는 미로이고 물 밑은 미궁이다." 그렇다, 수면 위 바깥 세상은 쉬 나아가지 못하고, 물 밑의 내면은 길을 쉽게 찾지 못하는 패티코트로 육화된, "수면을 사수하는" 여성의 존재성이 달무리 아래서 "수궁 한 채"로 놓이는("따리 튼 달무리 가득, 수궁 한 채 덩그렇다") 미학을 보라. 이 시조의 강점은 성찰의 매개체가 되는 물 이미지의 변주가 이렇듯 절묘하게 형상화되었다는 것이다. 시인은 이를 통해 여성의 진정한 존재성이 무엇인가 묻고 있는 것이다. 속옷에서 '시간의 연못'을 거쳐, '수궁 한 채'를 끌어낸 것은 최근의 우리 시조가 도달한 여성의 존재성, 그 내면성의 깊이 가운데에서도 단연 돌올한 지점이다.

늦은 꽃, 시인으로서의 자의식과 매운 향기의 시

깊은 내공이 깃들여 있는 또 하나의 연작은 '그림자 백서'이다. 이 연작에서 눈길을 끄는 것은 시인으로서의 도저한 자의식과 자세에 대한 탐색과 고백이다.

어여쁜 꽃이라면
나도 따라 필 수 있어

과감한 열매라면
나도 따라 뛰어내릴게

휘영청 달빛이라니
강물 속에 흔들릴밖에
―「휘영청 ―그림자 백서 3」

  시인의 자의식과 한계를 이처럼 선명하게 말할 수 있을까? 꽃의 개화처럼 그 오묘하고 사랑스런 양태로 내 시도 개화할 수 있다. 낙과에서 보이는 생명의 조락 역시 그 걱정과 비감, 때로는 홀가분함으로 동감할 수 있다. 우리는 여기서 초장과 중장에 놓인 "따라"라는 말에 주목할 필요가 있다. 그것은 가락, 일체화된 호흡이라는 말과 궤를 같이하지만 이와 함께 모방 혹은 재현이라는 의미도 일정 부분 함축하고 있다. 그런 것쯤은 얼마든지 따라 할 수 있다는 것이다. 그러나 "휘영청 달빛"이 월인천강, 천개의 강에 천 개의 달빛으로 강의 수면에 자신의 그림자를 비추고 있을 때와는 다르다. 수면에 비친 달은 분명 그림자이지만, 무수한 달의 모습으로 밝은 빛을 낸다. 그런데 달은 수면에만 비추지 않는 법. 골목에도 논밭에도 아파트 담장에도 그 그림자를 비추지만, 그건 빛나지 않는다. 시인은 여기서 묻는다. 나는 달 자체가 될 수 있을까. 아니라면 그림자를 품는 강물이 되어, 달그림자를 받아 맑고 밝게 빛날 수 있을까. 그냥 우주 기운, 자연의 일부가 되어 "강물 속에 흔들릴밖에"라는 어사로 시인은 자신의 시론을 밝힌다. 대자연과 우주의 기운에 동참하는 작은 부분으로 존재하는 시인의 자세가 아니고 무엇이겠는가.

    그대 넓은 꽃밭은 빈틈없이 꽉 찼군요

    과꽃, 깽깽이풀꽃, 부용화, 수국까지

    여전히 꿈틀거리는 내 자리는 없을까요

    다 늦은 저녁까지 오래 남아 있겠다고

    필 때보다 시들 때 향기 더욱 매울 거라고

    단단한 씨방을 익혀 담장 아래 숨는 꽃
    -「늦은 꽃 -그림자 백서 11」

"그대 넓은 꽃밭"을 한국 시단으로 환치해 보면 어떨까? 우리 시단은 이미 "과꽃, 깽깽이풀꽃, 부용화, 수국까지" 갖가지 개성으로 빈틈없이 꽉 찬 것으로 보인다. 그러기에 시인은 고심한다. 그 곳에 아직도 피우지 못하고 "여전히 꿈틀거리는 내 자리는 없을까"고. 둘째 수에서 늦은 꽃으로서의 자신의 시의 정체성을 드러낸다. 자신은 화려한 꽃이 아닐지 모른다. 다만 확실한 건, '늦은 꽃'이니만큼 자신의 시는 빨리 지는 게 아니라 "다 늦은 저녁까지 오래 남아 있겠다"는 것, "필 때보다 시들 때 향기 더욱 매울 거라"는 것, 그 향기로 남는 시인이 될 거라는 것, 마침내 누구보다 내실 있는 시 의식의 결정체 "단단한 씨방을 익"혔으되, 눈에 띄지 않는 "담장 아래 숨"어 몸을 낮추겠다는 것. 늦은 꽃, 필 때보다 시들고 말라가면서 내는 맵고 아름다운 향기, "단단한 씨방"의 침묵. 이 몇 가지 어사 속에 정경화 시 쓰기와 시조 미학의 요체와 미래가 다 들어있다. 이런 '늦은 꽃'의 형상은 '늦은 생', '노각'에서 감각과 정신을 입고 구체화된다.

이미 떠난 계절인데 한 발 한 발 되돌아와
걷이 끝난 텃밭에서 낮고 깊은 포복이다
부러진 지지대를 넘는 목민심서 한 구절

바람의 자장가는 더욱더 천연스러워
밧줄을 내려주는 건 찬 서리와 먹구름뿐
몽당붓 다 닳을 때까지 옹차게 매달린다

육탈의 터치인가 짙어지는 쇄골 문장
터진 살 악문 사이 마지막 물이 오른다
무명빛 달빛을 지고 탱탱하게 차오른다
―「노각을 읽다」

"걷이 끝난 텃밭에서 낮고 깊은 포복"으로 지지대를 넘는 늙은 오이, 노각의 꿈은 시인에겐 경이이고 결실이 끝났다고 생각하는 생을 사는 모든 이들을 깨우치는 기능을 한다. 시인이 노각 대신에 '목민심서 한 구절'이라는 말을 쓴 이유도 거기서 멀지 않다. 푸른 오이보다 노각은 오히려 부드럽고 연하며 이뇨와 혈관, 변비, 노화에 좋은 백성을 위한('목민') 약용 채소이기도 하지만, 무엇보다 시인은 40대 이후 18년간, "이미 떠난 계절"이라 여긴 유배지에서도 돌올했던 생, 늦깎이 다산의 삶을 육화시키는 것이다. 바람조차도 이제 그만 내려오라고 죽음 쪽으로 내몰고("바람의 자장가는 더욱더 천연스러워"), 찬 서리와 먹구름이 절망의 밧줄을 내려주지만("밧줄을 내려주는 건 찬 서리와 먹구름뿐"), 그럴수록 노각은 다산의 정신처럼 "옹차게 매달린다". 마침내 "목민심서 한 구절"은 육탈을 하며 더 "짙어지는 쇄골 문장"으로 꿈틀거리고, 노각은 "터진 살 악문 사이

마지막 물"로 그것도 무명의 빛깔처럼 하얀 "달빛을 지고 탱탱하게 차오"른다. 마지막 물까지 다 차오르게 하는 생. 그런 점에서 늦은 오이, 노각은 다산의 늦은 삶과 내밀하게 만나고 있다. 이쯤에서 이 작품의 비유체계를 한번 살펴볼 필요가 있다. 전체적으로 줄기는 붓으로, 다 삭아가는 줄기는 "몽당붓"과 "육탈의 터치"로, 열매인 노각은 목민심서 구절로, 무르익은 노각은 "쇄골문장"으로 비유된다. 줄기의 기운을 다 소진하면서 탱탱하게 차오르는 결실, 노각으로 읽은 다산의 삶은 시인의 시를 갱신하고 추동하게 하는 힘이 아니고 뭐겠는가. 여기서 한 편의 시 창작과정을 생생하게 보여주는 작품을 살펴볼 지점에 이르렀다. 그런 점에서 이 시는 시 창작과정에 대한 시, 메타시로 읽을 수 있다.

바위의 생채기에 생채기를 덧붙인다
저민 듯 쌓인 적막, 오랜 잠을 깨워내면
뼈마디 새긴 문양이 슬그머니 가렵다

다 닳은 상처에도 보다 더한 상처 있어
백 원짜리 호호 불며 퍼즐을 맞춰간다
헐찍한 기도 값에도 부푼 꿈의 사잇길

칼금이 깊을수록 착 안기는 동전 공양,
이끼마저 파고들어 서리서리 깍지 끼는
녹물 밴 청동 기도문, 벼랑 끝에 여여하다
―「동전 벽화」

 표면적으로 이 시는 "벼랑 끝" 바위 표면의 틈새에 동전들을 끼워 마치 벽화인 양 완성시켜가는 과정을 그리고 있다. 화자는 그 과정을 마치 설치 미술가이듯 가까이서 천천히 따라간다. "바위의 생채기에 생채기를 덧붙"이는 행위는 생채기가 난 바위와 또 하나의 생채기인 동전을 붙이는 과정이다. 그것은 가만히 있는 대상인 바위의 "쌓인 적막, 오랜 잠을 깨워내"는 일이며, "뼈마디 새긴 문양이" 이물질인 동전으로 인해 "슬그머니 가"려워지는 일이기도 하다. 바위와 동전은 이질적인 오브제이니 그것을 붙이는 일 또한 "다 닳은 상처에도 보다 더한 상처 있"음을 자각하는 것은 당연하다. "헐찍한 기도값"으로 드리는 동전의 공양으로 "퍼즐을 맞춰"가는 동안 "부푼 꿈의 사잇길"이 문득 보이기 시작한다. 원하는 형체가 서서히 완성되어 가고 있다는 말이다. 그런 점에서 '헐찍한 기도'라는 말은 시인의 겸손을 드러낸다. 이제 작품은 막바지로 치닫는다. "칼금이 깊을수록 착 안기는 동전 공양," 그렇다. 한 편의 작품을 만드는 일은 무수한 칼금을 가슴에 새기는 일이고, 드디어 대상 속으로 투신하고 안겨 몸을 공양하는 일이다. 그런 점에서 '동전'은 시인의 내면이 투사된 객관적 상관물이라 할 수 있다. 그러나 작품은 시적 화자의 분신인 동전과 대상인 바위만의 일은 아니어서 제3의 요소가 개입해야 완성된다. 여기서 "이끼마저 파고들어 서리서리 깍지 끼는" 과정이 들어가고, 그리하여 한 편의 작품은 감정과 가열한 의지의 소산인 "청동의 기도문"이 되어 아찔한 높이("아찔한 높이")로 여여하게 되는 것이다. 그것은 그의 깨어있는 정신이 만든 미학적 성채라 명명할 수 있다.

이 시집은 민족 고유의 가락 안에 체험과 정서를 미적으로 승화시켜 살아 있는 결실들이 가득하다. 정경화 시인이 시도하고 있는 작업의 지평과 범주는 넓고, 열린 시각과 관점으로 대상을 사유하는 태도는 진지하다. 편편의 작품에 보이는 입체적이고 다층적인 언어를 통한 심미성과 완성도, 내공 역시 만만치 않다. 자연과 현실에 대한 사유와 언어 조율 능력, '무지기치마' 연작에서 보이는 여성 정체성의 미학적 탐구는 이미지와 정신 양면에서 구축된 그만의 개성이라고 해도 과언이 아니다. 시인으로서의 자의식과 자기 지향을 보여주는 시편들 역시 녹록지 않은 능력이 빚어낸 참으로 신선하고

우뚝한 성취라 말할 수 있다. 덧없이 사라지는 일상의 사물과 사건들이 그의 숨결을 만나 물오른 시편들로 태어나는 것을 확인하는 기쁨이 참으로 크다.

07

결어

정경화

- 1961년 대구 출생
- 1997년 모산학술연구소의 첫 시조교실에서 모산 심재완 박사님과 민병도 선생님과의 첫 만남, 이후 민병도 선생님을 사사, 한결시조동인 결성됨
- 2000년 《월간문학》 신인상 당선
- 2001년 동아일보 신춘문예 「원촌리 겨울」, 농민신문 신춘문예 「모과」 각각 당선
  《시조21》 편집장 맡음, 한결시조동인 회장 맡음
- 2005년 이호우·이영도 문학기념회 사무국장 맡음, 〈민병도 갤러리〉 관장 맡음
- 2007년 한국문화예술진흥원의 문예진흥기금을 받음, 첫 시조집 『풀잎』(동학사) 발간, 이영도문학상 신인상 수상 (수상작 「장작」)
- 2009년 중앙시조대상 신인상 수상 (수상작 「겨울나무」)
- 2015년 서울문화재단 문학창작집 발간지원금을 받음, 두 번째 시조집 『시간연못』(목언예원) 발간

- 2016년 사단법인 국제시조협회 사무국장 맡음
  현대시조 100인선집 『무무무 걸어나오고』(고요아침) 발간
- 2019년 대구문학 올해의작품상 수상 (수상작 「세컨 하우스」)
- 2020년 경북 지원금 받음, 세 번째 시조집 『편백나무 침대』(목언예원) 발간
  대구문학 작가상 수상 (수상집 『편백나무 침대』)
  대구시조문학상 수상 (수상작 「신미인도」)
- 2021년 경북문화재단 지원금 받음, 단시조선집 『시 한 술갈 별 한 사발』 발간
- 2022년 (사)청도문인협회 회장 맡음
- 2023년 한국문화예술위원회 아르코 발간지원금 받음, 네 번째 시조집 『눈물값』(목언예원) 발간

- E-mail · onlyoneworld@hanmail.net